# DE LA PUBLICATION

# DES EMPRUNTS

## DU GOUVERNEMENT.

*Par Mr. le M{is}. de Saisseval.*

'A PARIS,

Chez
{
DELAUNAY, Libraire au Palais-Royal;

Mme. GOULLET, Libraire au Palais-Royal,
Galeries de bois;
}

ET CHEZ LES MARCHANDS DE NOUVEAUTÉS;

1818.

# A M.<sup>r</sup> * * *

## MEMBRE DE LA CHAMBRE DES DÉPUTÉS.

MONSIEUR,

Votre zèle invariable pour la Monarchie légitime et pour la Charte constitutionnelle, m'a fait présumer qu'il n'était pas nécessaire d'avoir l'honneur d'être personnellement connu de vous, pour vous faire accueillir toutes les idées qui pourraient tendre au bien ; et je me crois, en conséquence, autorisé à vous soumettre dès aujourd'hui celles que je me propose de publier incessamment au sujet des Emprunts du Gouvernement.

Si vous daignez les adopter, soit telles que je les présente, soit avec des modifications dont vous les jugeriez susceptibles, la confiance que vous avez obtenue à si juste titre de vos Collègues, par l'indépendance et la pureté de vos opinions, me donnerait l'espoir de voir fructifier ces idées au profit de la Nation.

J'ai l'honneur d'être, etc.

Paris, le 30 Décembre 1817.

# DE LA PUBLICATION

# DES EMPRUNTS

## DU GOUVERNEMENT.

De tous les droits que la Charte nous a rendus, il n'en est point qu'il importe plus de conserver intact, que celui de ne pouvoir être, assujettis qu'aux taxes qui sont librement et formellement consenties par les Chambres. C'est dans l'exercice de ce droit que la Nation trouve la garantie de tous les autres; il suffirait à toute époque pour lui faire recouvrer ceux qui auraient pu subir quelqu'atteinte; et cette garantie ne pourra jamais devenir illusoire sans doute, d'après l'usage observé par les Chambres, de reporter la délibération du budget vers la fin de leurs sessions, puisqu'il en résulte que les subsides ne se trouvent ainsi consentis chaque année , qu'après l'adoption de toutes les lois qui peuvent concourir au maintien des libertés publiques.

Mais les circonstances actuelles exigent des dépenses auxquelles les subsides d'une année ne pourraient pas suffire ; l'on est forcé d'y suppléer par des emprunts. Or , comme il faut bien pourvoir ensuite au payement des intérêts et à l'amortissement du capital emprunté , *voter un emprunt* , c'est , dans le fait , consentir implicitement *de nouvelles taxes* , qui pèseront sur la Nation dans les années subséquentes , et qui seront plus ou moins pesantes , suivant que le prix des emprunts aura été plus ou moins cher.

Il entre donc essentiellement aussi dans le cercle des attributions des Chambres , de prendre toutes les précautions nécessaires pour s'assurer que les emprunts publics seront faits au taux le moins désavantageux possible.

Il serait d'autant plus désirable que leur attention fût appelée plutôt que plus tard sur cet objet important , que les conditions de l'emprunt de l'année dernière ont été fort onéreuses ; que rien dans le discours du Ministre , en présentant le budget de cette année , ne donne lieu de supposer qu'il ait reconnu les inconvéniens de la marche qu'il avait prise pour cet emprunt, et que, dans le cas où la Chambre adopterait promptement une mesure propre à prévenir pour la suite les inconvéniens de ce mode d'opérer, rien ne nous empêcherait de recueillir cette année même le fruit de cette mesure salutaire.

Le plus léger examen suffira pour faire reconnaître que l'opération sur les trente millions de rente a eu pour résultat de faire présent, en pur don, à quelques spéculateurs étrangers, d'une somme de 54 millions, et de n'obtenir, pour prix de cet énorme sacrifice, qu'une chétive avance de 25 millions.

*Le sacrifice a été de 54 millions.* Je prends pour base l'Exposé même du Ministre des Finances ; il porte le prix moyen des rentes négociées à 56 *francs* 5o *centimes* (1). Mais il faut observer que les acquéreurs n'ont payé qu'en douze mois ; que dans le cours de ces douze mois, ils ont touché, en passant, un coupon d'intérêt *de* 2 et $\frac{1}{2}$ *pour* 100 (que le Ministre n'a pas porté en déduction de leurs déboursés ) d'où il résulte que le prix moyen, supposé de 56 francs 5o centimes, n'a été réelle-

---

(1) Page 13, ligne 20, du Budget distribué à la Chambre.

ment pour ces acquéreurs *que de 54 francs ;*
et que, par conséquent, la somme totale de
leurs versemens pour les 600 millions de capitaux de rentes, n'a été que de 324 *millions.*

Le Ministre dit ensuite (1) *que la rente s'est*
*successivement élevée jusqu'à plus de 68 fr.*
*et s'est maintenue à un terme moyen de 65 fr.*
*dans les huit mois qui ont suivi la publica-*
*tion de la loi des finances.* Il y aura donc de
la modération à supposer ici que nos acquéreurs n'ont revendu qu'au prix moyen de
63 francs. Or, à ce taux, ils auront obtenu,
comme on voit, par la revente des 600 millions. . . . . . . . . . . . 378 millions.

Desquels ôtant le prix qu'ils
leur avaient coûté. . . . . 324 *id.*

Reste. . . . . 54 millions.

Donc les acquéreurs ont eu en bénéfice
*54 millions.*

*L'avance n'a été que de 25 millions.* Le bénéfice de 54 millions, que ces spéculateurs ont
retiré de cette opération, a été le prix de la

--------

(1) Page 14, ligne 1ᵉʳᵉ. et suivantes.

confiance qu'ils avaient bien voulu prendre dans la Nation française, jusqu'à concurrence de 25 millions, en obtenant des garanties plus complètes qu'aucun capitaliste n'en ait jamais obtenu en pareil cas, et en s'assurant la rentrée de cette chétive avance dans le délai le plus court possible.

Ils auraient pu faire encore mieux, et se dispenser d'aucun déboursé, car ils auraient pu vendre les titres de nos 5 pour 100 d'avance, livrables aux époques où ils devaient leur être livrés à eux-mêmes, et réaliser ainsi les bénéfices énormes que leur a produits cette opération, sans bourse déliée : mais j'admets qu'ils ont opéré comme ils prétendent l'avoir fait, qu'ils se sont résignés à débourser réellement les 25 millions du premier 12ᵉ., et se sont contentés de vendre successivement chaque 12ᵉ. des titres de 5 pour 100, à mesure qu'ils se les faisaient livrer ; et voici, dans cette hypothèse, quelle a été leur marche.

Ils ont payé le premier mois 25 millions, il leur a été livré pour 50 millions de capitaux de 5 pour 100 qu'ils ont revendus dans le cours du mois suivant; et, quoique le taux se soit élevé très-promptement à 66 et à 68 francs, ce qui a dû accélérer encore la rentrée totale de leur avance, je n'établirai néanmoins mon calcul que sur le taux que j'ai dit *de 63 francs*. Or, à ce taux seulement, la vente des 5o millions de capitaux de 5 pour 1oo, qui leur avaient été livrés contre leur premier payement de 25 millions, leur a produit 31,5oo,ooo francs ; ils ont donc réalisé dès ce premier mois un bénéfice de 6,5oo,ooo francs, lesquels 6,5oo,ooo francs étant employés par eux dans leur deuxième payement, leur avance se trouvait dès-lors réduite à 18,5oo,ooo francs. Un pareil bénéfice de 6,5oo,ooo francs sur la revente, avait réduit leur avance, lors du troisième payement, a 12 millions, et ainsi successivement : en sorte que l'avance était réduite *à zéro* à l'époque du cinquième payement. D'où il résulte, comme on voit, que c'est avec une chétive somme de 25 millions ( rentrée en totalité dans le court espace de quatre mois au plus ); que ces spéculateurs ont réalisé le bénéfice, qui a été démontré précédemment s'être élevé *à 54 millions.*

Cette opération a eu beaucoup d'autres inconvéniens, qui, pour n'être pas également susceptibles d'être chiffrés, n'en sont pas moins réels. Les acquéreurs de cette masse considérable de rentes sont des étrangers, ils sont devenus ainsi maîtres du taux de notre dette publique ; et l'on peut croire qu'ils ne sont pas dans l'intention d'user de cette faculté pour notre profit, quand on voit qu'ils ont fait constamment hausser le prix de ces rentes tant qu'ils ont eu à vendre, et qu'ils les font baisser journellement depuis qu'ils ont vendu, et qu'ils traitent pour l'acquisition de celles qui vont être créées, parce que le taux de la Bourse ne peut manquer d'avoir de l'influence sur le prix auquel notre Gouvernement consentira de les leur abandonner. ( Il n'est pas douteux que dès que ces spéculateurs seront en possession de cette nouvelle masse, ils ne fassent remonter ).

L'on prétend même qu'ils ont trouvé cette première opération si bonne, qu'ils vont jusqu'à envier aux capitalistes français la faible participation que quelques-uns d'entr'eux y avaient obtenue, et qu'ils font tout ce qu'ils peuvent pour les écarter de celle de cette année.

Quoi qu'il en soit, l'on peut croire, en effet, que ces étrangers, qui avaient dans leur patrie respective une existence importante, n'auraient pas abandonné leur domicile ordinaire et leurs affaires habituelles, pour venir à Paris se livrer uniquement à celle-là, s'ils n'avaient pas conçu l'espoir d'obtenir des bénéfices considérables, en spéculant sur le peu d'expérience que l'on a en France de ces grandes opérations, dont ils ont, de leur côté, une longue habitude : il paraît même assez naturel de prévoir que le résultat de leur intervention dans notre dette publique sera de soutirer une grande partie dè notre numéraire, par le jeu qu'ils entretiendront à nos dépens, par le résultat des alternatives de hausse et de baisse de nos rentes, dont ces étrangers disposeront toujours à leur -gré, d'après la masse considérable de ces effets sur laquelle ils influent.

Mais, én faisant même abstraction de ces inconvéniens importans, et qui sont évidens, il reste toujours, ainsi qu'on l'a vu, que le sacrifice positif et matériel a été ici *de 54 millions.*

Et si la Chambre, supposant qu'il pourrait se trouver quelqu'erreur dans ces calculs, se faisait présehter un tableau exact des verseméns réalisés par ces spéculateurs, pour l'acquisition des 600 millions, avec le décompte des intérêts relatifs aux époques des versemens, ce tableau démontrerait surement que la réssource effective que cette opération a procurée au Trésor, ne s'est pas élévée *aux 324 millions* que-j'ai dits ; et que, par conséquent, le sacrifice a été plutôt au-dessus qu'au-dessous de *54 millions*.

Or, en cherchant maintenant comment cette perte aurait pu être évitée, nous verrons clairement que si le Ministre, au lieu de garder pendant plusieurs mois à l'égard du mode d'exécution de son plan un secret impénétrable, dont il serait difficile même aujourd'hui d'expliquer le motif, avait tout simplement publié les conditions auxquelles il se proposait de négocier nos rentes, il aurait pu lui en être offert de moins désastreuses.

L'on conçoit, par exemple, que l'on aurait pu trouver des capitalistes français qui auraient consenti d'avancer au Gouvernement les 25 millions ( qui suffisaient, ainsi qu'on l'a vu, pour exécuter la totalité de l'opération ), moyennant un intérêt de 2 pour 100 par mois, qu'ils auraient accepté avec reconnaissance : qu'on aurait pu charger ces mèmes Français de la vente des rentes, en leur allouant sur les 600 millions de capital nominal une commission d'un pour 100 ( qui leur aurait paru magnifique. )

L'intérêt de 2 pour 100 ( qui aurait été le premier mois de 500,000 f. sur 25 millions ; mais qui se serait trouvé réduit d'un quart chaque

mois par la rentrée successive de l'avance, ainsi
que nous l'avons indiqué précédemment ), se serait monté, à . . . . . . . . . . 1,250,000 fr.

. La commission d'un pour 100
sur les 600 millions, à. . . . . . 6,000,000
_________________
Ce qui aurait fait en tout. . . 7,250,000

Ainsi, par ce procédé, l'opération aurait été
exécutée pour la modique somme de 7,250,000
francs, absolument de la même manière qu'elle
l'a été pour le prix de 54 millions ; l'on aurait
épargné à la nation 46,750,000 fr. , l'on aurait
évité le danger de mettre notre dette publique
à la disposition des étrangers ; en un mot, on
aurait évité tous les inconvéniens qui sont ré-
sultés de cette opération.

Il est donc évident que ce sera la publicité
et la concurrence provoquée par cette publicité, qui pourront seules nous préserver à l'a-
venir d'éprouver de pareilles lésions dans des
négociations de ce genre.

Serait-il possible en effet de voir, sans éton-
nement, que, dans un pays où le ministre se
rendrait criminel, s'il se permettait de vendre
ou de laisser vendre quelques arpens de terre,
ou quelques masures qui seraient la propriété
du Gouvernement, sans les formes d'enchères

les plus régulières ; ce même ministre aurait la faculté de traiter à l'amiable dans son cabinet du prix de capitaux immenses, qui constituent des créances sur la nation.

Au reste, ce que la raison suffit pour indiquer ici, se trouve appuyé par l'exemple de nos voisins. Nous avons adopté bien des pratiques de l'Angleterre dont l'utilité pour notre pays n'était peut être pas absolument démontrée ; mais ce sont ses moyens de crédit qu'il nous importe d'adopter ; c'est à cet égard qu'il convient de prendre l'Angleterre pour modèle, puisque c'est par son crédit que cette nation a obtenu tant de poids dans la balance de l'Europe.

Or, en Angleterre, tout est public en finance : lorsque le chancelier de l'échiquier a calculé son budget, il annonce qu'il aura besoin d'un emprunt de telle somme et à telles conditions. Il offre, par exemple, de donner pour 100 francs d'argent ( qui lui seront fournis en plusieurs paiemens par dixième ou par douzième ), 116 francs en 3 pour 100 consolidés, et d'ajouter, à titre de prime, un capital additionnel dans les 5 pour 100, qu'il déclare consentir à porter s'il le faut à 15 francs.

Les enchères étant ouvertes sur ces bases, les capitalistes font respectivement des offres pour cet emprunt, par des soumissions qu'ils remettent cachetées ; les uns demandent la prime telle qu'elle est offerte par le ministre , c'est-à-dire, 15 francs ; les autres se contentent de 10 fr. , d'autres se réduisent à 8 francs ; et, le jour pris pour l'ouverture des soumissions , c'est à celui qui se trouve avoir fait l'offre la plus avantageuse pour le Gouvernement, que l'emprunt est dévolu ; mais le tout est connu du public : et c'est dans l'observation de ces formes que la nation trouve une véritable garantie.

Pourquoi n'en serait-il pas de même en France ? Pourquoi notre ministre des finances ne ferait-il pas connaître d'avance la somme dont il juge avoir besoin pour l'année suivante, et les conditions qu'il offre à ceux qui voudront lui fournir cette somme ?

Heureusement notre position n'est pas aujourd'hui celle où nous nous trouvions l'année dernière. Quelque fatales que soient devenues les conséquences de l'opération qui vient d'être analysée , il a été naturel que les chambres y donnassent leur assentiment, d'après les circonstances particulières où elles se trouvaient alors placées. L'Europe entière avait les yeux ouverts sur le premier pas que nous allions faire dans la carrière du crédit public ; nous ne pouvions avoir qu'un seul but, celui de donner dès le principe, une juste idée de la loyauté de la nation française : et, sous le rapport de ce but, il était beaucoup moins important de choisir le meilleur moyen pour remplir nos engagemens, que d'adopter promptement un moyen quelconque qui offrît la certitude de les remplir. Dans cette position, le ministre présentait un plan qui donnait cette certitude ; il annonçait que ce plan avait déjà obtenu l'assentiment de nos créanciers les plus importans ; ce plan n'était point vicieux en lui-même, il ne l'était que par les clauses particulières que le ministre avait consenties en faveur des prêteurs : et l'on ne faisait pas connaître ces clauses : aucun membre des chambres ne se serait permis d'en demander la communication , chacun se serait fait un scrupule d'élever une pareille prétention , dans la crainte de donner lieu à une question de compétence entre les chambres et le Gouvernement, de prolonger ainsi la discussion et de laisser un instant de doute dans l'esprit de nos créanciers. Le sentiment des considérations les plus importantes , comme celui des convenances les plus délicates, devait donc porter les chambres, et les a portées en effet, à ne point calculer, et à se soumettre à tous les sacrifices pour satifaire à nos engagemens.

Mais il n'en est pas ainsi aujourd'hui; l'opinion

de notre loyauté est maintenant bien établie : d'après les principes qui ont été professés unanimement par les chambres dans le cours de la dernière session , les esprits même les plus inquiets savent bien qu'elles ne se sépareront pas sans avoir assuré, soit par un mode , soit par un autre , le paiement de tout ce qui doit être payé. Il est constant pour tout le monde que la nation possède en elle-même des moyens suffisans pour satisfaire successivement , non-seulement aux intérêts , mais au remboursement du capital de sa dette ; et que si elle emprunte , ce n'est que pour pouvoir payer plutôt ; chaque emprunt que nous faisons , n'ayant évidemment que ce but , loin de nuire à notre crédit , ne peut que nous donner de nouveaux titres à la confiance. Ainsi, nos créanciers actuels, loin de craindre que nous fassions de nouveaux emprunts , sont intéressés eux-mêmes à favoriser ces emprunts ; et, sans en abuser pour leur faire la loi, nous ne sommes pas réduits du moins à la recevoir de leur part. Dans cette situation , rien ne peut s'opposer a ce que, dès cette année , le ministre annonce d'avance les conditions qu'il offre aux prêteurs.

Il n'avait pas été décidé en principe, qu'une vente de capitaux de 5 pour 100 serait le seul mode dans lequel nous chercherions constamment nos ressources. Il avait été proposé l'année dernière différens projets d'emprunts qui avaient paru ingénieux, pour nous procurer des fonds qui nous seraient revenus moins cher que par la négociation de 5 p. 100. Il aurait peut-être été préférable, sous plusieurs rapports, de créer des effets publics de différentes dénominations et de différentes natures, et il y aurait eu beaucoup d'intérêt à le faire, si, comme je le suppose, ceux qui ont acquis l'année dernière une si forte masse de nos rentes, exercent une grande influence sur leur taux à la bourse ; car il leur deviendrait plus difficile d'opérer sur dès effets de différentes natures, qui ne seraient pas également dans leurs mains. ( L'on a vu les rentes baisser de 68 fr. à 63 fr., et les autres effets, même les reconnaissances de liquidation qui participent dans leur essence de la nature dés rentes, ne pas éprouver une baisse proportionnée. )

Mais néanmoins, pour ne pas contrarier le plan sur lequel les idées du ministre paraissent déjà fixées, l'on pourrait admettre encore cette année la négociation d'une quotité de 5 pour 100 proportionnée à nos besoins, en imposant seulement la condition de publicité que je viens de dire.

La proposition de cette publicité ne pourrait, sous aucun prétexte, devenir l'occasion d'une discussion de compétence entre le gouvernement et les chambres ; car il ne s'agirait point ici d'une communication demandée par les Chambres, il s'agirait d'une loi qui obligerait le ministre a donner connaissance, *au public*, des conditions des emprunts publics, afin que les capitalistes, susceptibles de s'intéresser dans des opérations de ce genre, fussent ainsi appelés à faire leurs offres respectives.

Je sais bien que l'on ne manquera pas de prétendre que les noms des deux étrangers qui s'étaient emparés de notre emprunt de l'année dernière, ont eu beaucoup d'influence sur son succès. Et je pourrais peut-être faire observer, de mon côté, que l'on s'est fait un peu d'illusion sous ce rapport, puisque, si l'on considère l'avance effective ( qui se réduisait comme on l'a vu à 25 millions ), d'autres auraient pu la fournir aussi bien que ces deux banquiers ; et que, si l'on considère les 300 millions de capitaux de 5 pour 100, ces deux banquiers n'auraient pas, plus que d'autres, pu les fournir sur leurs propres moyens, ni sur leur crédit personnel ; qu'ils n'ont pu , comme d'autres , les payer que par la revente des titres de nos 5 pour 100. Je pourrais observer que , lorsqu'il s'agit de capitaux de cette importance , toute responsabilité personnelle devient illusoire , qu'il ne s'agit plus alors que de savoir s'il existe en Europe telle somme de capitaux susceptible de l'emploi qu'on propose ; et que , dès qu'il existait alors des capitaux disposés à se placer dans notre dette publique , jusqu'à concurrence de la somme dont nous avions besoin, ces capitaux n'auraient pu manquer de nous arriver, soit par un canal, soit par un autre.

Cependant, sans insister sur ces observations, malgré leur justesse évidente, je rends moi-même hommage au prestige des noms fameux dans les affaires, je sais qu'ils peuvent contribuer, au succès d'une opération de ce genre ; mais il est plus évident encore que la concurrence, ouverte à tous, n'exclurait pas les plus riches ; que, s'il y avait alors à la vérité, un peu moins d'argent à gagner, il y aurait d'un autre côté plus d'honneur à recueillir pour ceux qui se placeraient à la tête de ces grandes opérations ; et que, même en supposant que la compensation ne fût pas ici complète

dans leur propre opinion ; ils trouveraient néanmoins encore assez de bénéfice dans nos. emprunts pour se déterminer à y souscrire.

Ainsi, même en attachant à l'intervention de
ces grands capitalistes toute l'importance qu'il
est permis raisonnablement d'y attribuer ; cette
considération ne serait point encore une objec-
tion contre l'idée d'établir la concurrence pour
nos emprunts publics.

Rien ne paraît donc s'opposer à ce que la
chambre supplie le roi de faire présenter le projet
d'une loi de laquelle il résulterait :

« Que le ministre des finances publierait,
chaque année, au commencement de la session,
la quotité de fonds qu'il jugerait nécessaire
d'emprunter ; les formes de l'emprunt, et les
conditions qu'il proposerait aux souscripteurs.

» Que le ministre des finances ferait connaître, dès à présent, à quel taux il offre de livrer les seize millions de rente qu'il se propose
de négocier cette année, en accordant la faci-
lité d'en fournir le prix par douzième et par
mois, dans le cours de l'année 1818.

» Qu'il offrirait, en même temps, de donner,
à ceux qui souscriraient à ce taux, une prime
de.....

» Que les souscriptions seraient reçues au

trésor royal, jusqu'au 1er. mars prochain, au prix stipulé par le ministre, et que chaque souscripteur déclarerait, dans sa soumission, la prime dont il voudrait se contenter, qui ne pourrait excéder celle offerte par le ministre.

» Que les souscriptions pourraient être faites, ou pour la totalité des 320 millions de capitaux, ou pour une partie seulement de cette somme ; mais que les souscriptions partielles ne pourraient être pour moins de 5 millions de capitaux de 5 pour 100.

» Qu'à l'époque ci-dessus fixée, ceux qui auraient souscrit seraient invités par les journaux à se rendre chez le ministre, à une heure indiquée, où les soumissions seraient décachetées en leur présence, et les rentes attribuées aux souscripteurs qui auraient fait les offres les plus avantageuses ; soit que ces offres résultassent d'une soumission pour la totalité des 16 millions de rentes, ou de soumissions partielles, dont la réunion absorberait cette totalité. »

---

## OBSERVATIONS.

Il ne serait pas impossible, ainsi que je l'ai dit, qu'une pareille publication produisît, dès cette année, un effet complet ; il pourrait arriver que, la concurrence étant ainsi offerte, quelque corporation, comme celle des notaires, des agens de change, des banquiers, ou quelque réunion de particuliers français ayant dé grands capitaux à leur disposition ( soit par un mouvement de zèle pour le bien public, soit par le désir de s'approprier le bénéfice que procurent de telles opérations) se déterminât à faire, avant l'époque fixée, des propositions plus avantageuses que celles des spéculateurs étrangers.

Mais, quand on supposerait que, d'après l'époque déjà prochaine où les conditions de notre emprunt doivent naturellement être définitivement arrêtées , l'on n'obtiendrait pas encore cette année une pareille concurrence, il n'en serait pas moins convenable qu'elle fût offerte dès cette fois, pour en établir le principe, qui ne pourrait manquer de germer et de produire d'heureux résultats dans les années subséquentes.

D'ailleurs, nous serions toujours sûrs d'obtenir au moins les avantages qui résultent ici, dans tous les cas, *du fait seul de la publicité*. Il existe une sorte de pudeur envers le public, qui impose à un certain point à l'avidité. Je suis persuadé que, si les conditions de notre em-

prunt de l'année dernière avaient dû être pu-
bliées avant l'exécution, les spéculateurs qui
avaient dicté ces conditions auraient été les
premiers à proposer de les adoucir. Ils auraient
senti qu'il était impossible d'obtenir la faveur
publique, pour une opération où l'on aurait pu
alors voir d'avance, ce qui n'a pu être su qu'a-
près coup, que ces spéculateurs obtenaient un
intérêt de 54 millions pour une avance de 25 millions pendant quatre mois, qu'ils se procureraient
trois capitaux pour un dans un espace de temps
aussi court. Et je suis également persuadé que,
si cette publication avait lieu cette année, le
maximum des conditions qui seraient admises
dans la proposition du ministre serait inférieur
au taux de celles établies en ce moment par les
spéculateurs étrangers. Or, quand l'améliora-
tion se bornerait à 2 pour 100 seulement sur les
320 millions, ce serait toujours une économie
de 6,400,000 francs pour la nation : et cette
économie, qui est déjà de quelque importance
en elle-même, deviendrait plus importante encore par l'influence qu'elle aurait sur notre crédit en général, et sur le taux de nos emprunts
ultérieurs.

Cette mesure, qui est évidemment dans l'intérêt de la nation, est aussi dans l'intérêt du

ministre des finances, et dans l'intérêt de la chambre elle-même.

*A l'égard du ministre des finances,* celui qui occupe aujourd'hui cette place éminente y a été porté par son mérite ; l'on a passé, en sa faveur, par-dessus tous les préjugés qui existaient en France contre les étrangers, même par-dessus le souvenir de quelques anciennes lois qui les avaient exclus spécialement de l'administration des finances ; il était digne de cette insigne distinction ; il a autant de droits à notre confiance sous le rapport de la pureté de son administration, que sous celui de la supériorité de ses lumières. Ce ministre sera donc le premier à sentir qu'il pourrait avoir des successeurs qui ne nous inspireraient pas un pareil abandon, que dans un siècle de méfiance tel que celui-ci, après une révolution où l'on a vu tant de gens profiter des plus grandes places pour faire leur fortune particulière aux dépens de la fortune publique ; il suffit souvent que la chose soit possible pour que l'on regarde le fait comme démontré, et que, par conséquent, il sera précieux pour les ministres des finances, qui surviendront à l'avenir, de se trouver soumis à des règles, dont la simple observation suffira pour les mettre à l'abri de tout soupçon.

*A l'égard de la chambre des députés*, établie par la charte en première ligne, pour la défense de nos intérêts de finances, il importe à sa gloire de ne les laisser entamer par aucun point. Les précautions les plus simples de sa part suffiront, comme on voit, pour nous procurer toute sécurité sous le rapport des emprunts publics. Et la chambre ne négligera jamais sans doute aucun moyen de mettre la nation à l'abri de tout danger contre tous les hommes, et contre toutes les circonstances.

————

*P. S.* J'ai dit, «page 9, que les spéculateurs qui s'étaient emparés de nos rentes de l'année dernière, avaient fait hausser à la bourse tant qu'ils avaient eu à vendre, et faisaient baisser maintenant qu'ils traitaient avec le gouvernement pour celles de l'année prochaine.

Cependant, les rentes ont recommencé à

monter, pendant que cet écrit était à l'impression.

Cela vient évidemment,

*Ou* de ce que les efforts de ces spéculateurs sont impuissans pour suspendre plus long-temps l'effet de la confiance qu'inspirent nos moyens ;

*Ou* de ce que ces spéculateurs agissent peut-être dès à présent comme propriétaires des 320 millions de capitaux qui vont être créés, d'après *quelque nouveau marché* qui nous serait inconnu comme l'a été celui de l'année dernière.

Mais ce marché ne sera pas définitif, si les chambres ont égard aux observations qui leur sont ici présentées.

IMPRIMERIE PORTHMANN,

RUE SAINTE-ANNE, N°. 43.